AF312716

ART JAPONAIS

Collection
P. Barboutau

Estampes Anciennes

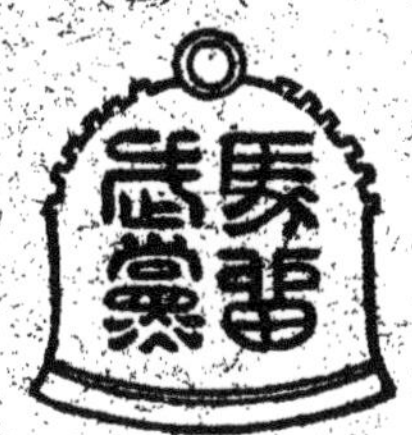

VENTE PUBLIQUE

Hôtel Drouot, Salle n° 7, Paris

Lundi 24 et Mardi 25 Avril 1911

Collection P. Barboutau

ORDRE DES VACATIONS

Lundi 24 Avril. . . . N°s 106 à 155.
        » 1 à 69.
        » 156 à 180.
        » 330 à 375.
        » 208 à 284.

Mardi 25 Avril. . . . N°s 322 à 329.
        » 181 à 207.
        » 70 à 105.
        » 285 à 321.
        » 376 à 552.

CONDITIONS DE LA VENTE

Les acquéreurs paieront 10 p. 100 en sus des enchères.

L'Exposition mettant les amateurs à même de se rendre compte de l'état des objets mis en vente, aucune réclamation ne sera admise une fois l'adjudication prononcée.

L'expert, dans l'intérêt de la vente, se réserve la faculté de réunir ou diviser les lots.

Collection P. Barboutau

Estampes anciennes
DU JAPON

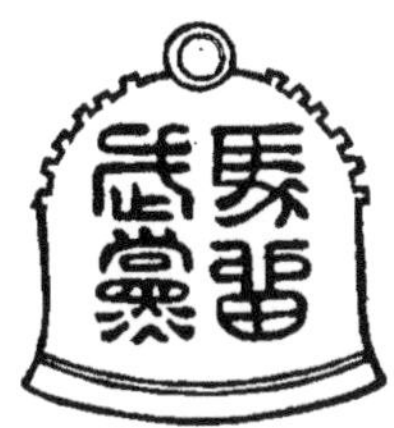

LA VENTE AURA LIEU

Les lundi 24 et mardi 25 avril

Hôtel des Commissaires-Priseurs, rue Drouot, Paris

Salle n° 7, à 2 heures précises

Commissaire-Priseur :	*Expert :*
Mᵉ André DESVOUGES	M. André PORTIER
26, rue de la Grange-Batelière	24, rue Chauchat

chez lesquels se distribue le présent Catalogue

EXPOSITIONS

Particulière, chez M. A. PORTIER, les 20, 21 et 22 Avril.

Publique : Hôtel Drouot, Salle n° 7, le dimanche 23 Avril.

De 2 heures à 6 heures.

PARIS 1911

ESTAMPES JAPONAISES

OUTA-GAVA TOYO-HIRO

(FIN DU XVIIIe SIÈCLE)

1. Petit format en largeur. Samouraï et porteurs à Yé-djiri.

Petit format en hauteur. Sept planches des vues célèbres de O-mi, imprimées dans un cercle, entourées de poésies et d'un semis de fougères.

2. — Le shiro et les barques rentrant au port.

3. — Le grand pin sous la pluie.

4. — Petit port que regagnent des bateaux.

5. — Temple dans la montagne.

6. — Ilot relié aux deux rives par des ponts de bois.

7. — Petit pavillon sur l'eau.

8. — Haute montagne au clair de lune.

9. — Six planches représentant des jolis vues d'Yé-do. Deux petits villages au bord de l'eau.

10. — Temple sur une montagne boisée.

11. — Les barques à l'ancre.

12. — Temple au bord de l'eau.

13. — Le grand tori-i.

14. — Village sous la neige.

15. Format en hauteur. Foukou-rokou djïn déployant un makimono.

16. — Un poète.

17. Sourimono. Vase, carpes remontant une cascade, rocher, arbre fleuri.

17bis — "Rakan" naviguant, sur une feuille. Non signé.

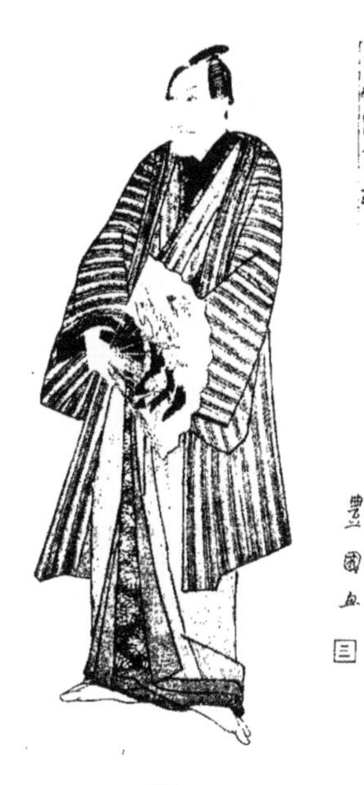

N° 41.

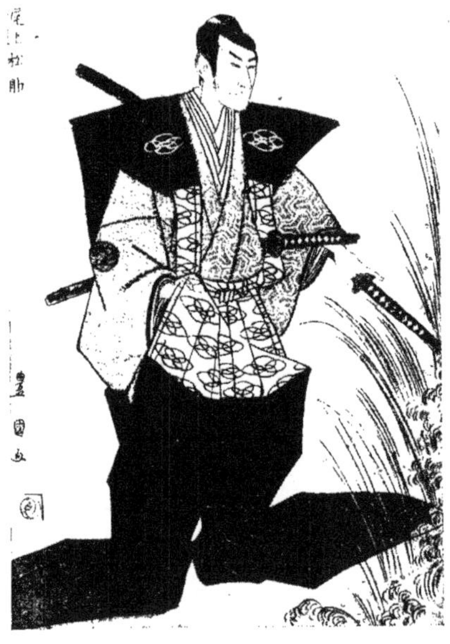

Nº 49.

TOYO-KOUNI Ier

(1768-1825)

18. Grand format en hauteur. Un homme accroupi déroule un makimono tenu derrière lui par un autre homme portant une hache.

19. — Homme, au kimono brun rayé, portant un paquet et tenant une lanterne.

20. — Homme accroupi devant une djo-ro et un vieillard.

21. — Personnage à favoris noirs, demi-nu, tenant une bouteille.

22. — Près d'une lanterne, deux samouraï dont l'un porte un parapluie.

23. — Homme au costume gris et vert, un sabre à la main.

24. — Femme tenant un éventail et une branche fleurie dans un seau.

25. — Une ghé-sha suivie d'une servante et d'un porteur passe devant un magasin de nouveautés.

26. — Près d'une djo-ro quatre hommes manifestent diversement leur inquiétude.

27. — Homme assis tenant un papier; derrière lui un samouraï, en vêtement gris et jaune.

28. — Un samouraï paralyse avec son chapeau le mouvement d'un homme prêt à tirer son sabre.

29. — Femme au vêtement vermillon et noir, accroupie devant un homme qui se retourne vers elle.

30. — Personnage vêtu d'une robe blanche décorée de corbeaux. Il tient un piège à rats.

31. — Le joueur de flûte.

32. — Un marmot tout nu échappe à sa mère qui veut l'habiller.

33. — Samouraï assis devant deux porteuses de sel.

34. — Yama-ouba vêtue d'une robe brodée de feuilles de vigne ; elle porte une bandelette au front sur ses cheveux dénoués.

35. — Jeune femme à la robe décorée de chrysanthèmes devant un seigneur en manteau noir.

36. — Portrait en buste d'un acteur tenant un sabre et un éventail.

37. — Trois rôles de l'acteur Iwa-i Han-ji-ro. — A. L'aveugle. — B. La danseuse aux
cheveux rouges. — C. Autre danseuse agitant des grelots.

38. — Homme assis sur une pierre devant une femme au kimono noir.

39. — Daï-myo au grand manteau gris bleu orné de « mon » énormes.

40. — Un homme vêtu de gris pose le pied sur un sabre qu'essaie de dégager une
femme au kimono noir décoré de fleurs de prunier.

41. — Le célèbre acteur Itchi-kawa Ya-ho-zo tenant un éventail sur lequel est repré-
sentée une vue de Hama-matsou au soleil couchant.

42. — Guerrier à cheval.

43. — Danseur et danseuse en costumes de coqs ; derrière eux un personnage armé
d'un sabre.

44. — Une femme, vêtue d'un kimono gris attaché avec une ceinture noire, tient à la
main un objet enveloppé.

45. — Trois personnages dont l'un porte un manteau noir décoré de corbeaux.

46. — Femme s'accrochant au bras
d'un homme qui tient un
sabre nu.

47. — Une femme élégamment vêtue
agite son éventail au-dessus
d'un homme agenouillé.

48. — Deux dames armées de grands
sabres et vêtues de costumes
princiers. Celle de devant,
agenouillée, porte une robe
rouge aux « mon » énormes.

49. — Samouraï en « hakama » (pan-
talon de cour) auprès d'une
source jaillissante.

50. — Homme perplexe devant les
reproches d'une femme.

51. — Femme en vêtement de paille
entre un veilleur de nuit et
un visiteur portant un parapluie.

52. — Devant une courtisane richement parée un homme au
vêtement noir montre son
embarras.

53. — Samouraï et sa femme tenant
chacun la moitié d'un « ïnro ».

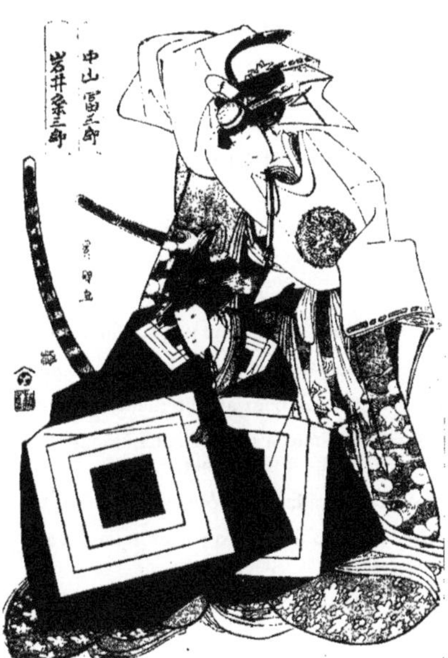

No 48.

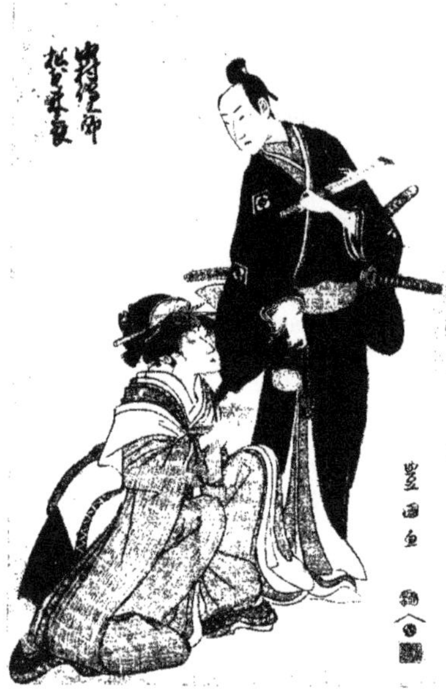

N° 53.

54. — Danseur et danseuse jouant du « taï-ko ».

55. — Scène des « ro-nïn ». L'espion lisant la lettre.

56. — Acteurs représentant trois des six poètes célèbres.

57. — Tsoui-taté, décoré de deux personnages dont l'un, agenouillé, porte un faisceau de flèches.

58. — Homme agenouillé devant un autre qui se croise les bras.

59. — Personnage debout devant lequel deux femmes accroupies se regardent avec défiance.

60. — Homme en manteau de paille tenant un fusil et une mèche allumée.

61. — Une femme cherche à se protéger avec son parapluie contre une autre femme armée d'un sabre.

62. — Homme conduisant un enfant par la main.

63. — Bûcheron le pied sur sa hache devant un fagot.

64. — Homme prêt à tirer son sabre devant une femme portant un baquet. Estampe laquée.

65. — Un grand personnage accompagné d'un serviteur s'apprête à dégainer.

66. — Samouraï en garde au bas d'un escalier.

67. — Acteur au vêtement quadrillé, vu à mi-corps.

68. — Femme, portant un paquet, inclinée au-devant d'un seigneur prêt à tirer le sabre.

69. — Personnage aux hautes « ghéta », abrité sous un parapluie.

70. — Grand seigneur au vêtement brodé d'un dragon, derrière une femme accroupie.

71. — Courtisane, à la robe splendidement fleurie, agenouillée. Derrière elle un homme coiffé d'un bonnet.

72. — Djo-ro à la robe décorée de chrysanthèmes.

73. — Joueuse de « koto » accroupie devant un samouraï; tous deux portent des costumes magnifiques.

74. — Daï-myo vêtu d'une grande robe grise décorée de kiri.

75. — Ghésha debout causant avec un homme assis devant elle.

76. — Personnage agenouillé devant un seigneur tenant une lanterne et dont la robe est décorée d'une frise de poupées.

77. — Homme tirant son sabre (effet de nuit).

78. — Seigneur, au riche costume orné d'arbres fleuris couverts de neige, assis aux
pieds d'une femme à la robe élégamment décorée de chrysanthèmes.

79. — Au bord de l'eau une femme aux cheveux dénoués tient un filet.

80. — Samouraï vu de face ; son surcot rouge recouvre une robe décorée de chrysanthèmes.

81. — Femme au manteau vert et à la ceinture noire et violette ; derrière elle un
homme vêtu de noir cesse de fumer pour lui parler.

82. — Un noble seigneur, assis sur un buffle noir, voyage sous la conduite d'une jeune
femme qui se retourne pour causer avec lui.

83. Format moyen en hauteur. Femme debout derrière un seigneur à la robe décorée
de plumes de paon.

84. — Un homme et un enfant saluant.

85. — Un vieillard menace un homme agenouillé devant lui.

86. — Derrière un homme fumant, accoudé sur un fagot, une jeune femme portant un
pilon s'appuie sur un mortier.

87. — Deux femmes richement vêtues. L'une, debout, tient une noble coiffure et tend un
makimono à l'autre, age-
nouillée devant elle.

88. — Daï-mio en costume bleu, agenouillé devant une femme
debout.

89. — Devant un seigneur, une femme
agenouillée tient une théière
et un coffret à comparti-
ments.

90. Hoso-yé. Homme aux jambes nues,
lisant une lettre.

91. — L'archer.

92. — Samouraï revêtu de plusieurs
kimono attachés par une
ceinture noire.

93. — Homme agenouillé, le sabre nu,
devant un autre qui tire son
arme du fourreau.

94. — Courtisane à la grosse ceinture
noire.

95. — Personnage, au kimono décoré
d'oiseaux blancs, tenant un
masque de singe et un grand
bâton.

96. — Samouraï à l'éventail rouge.

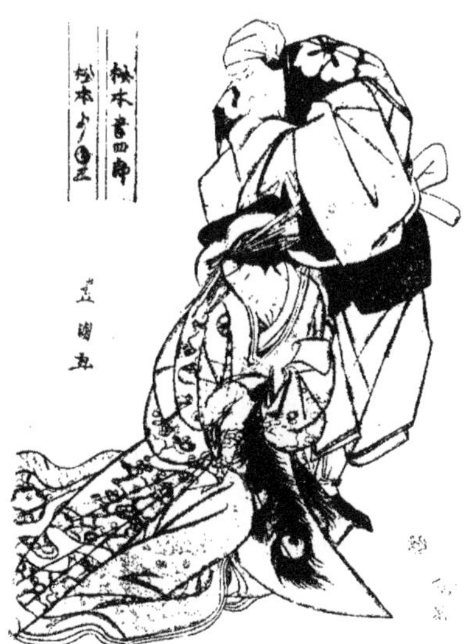

N° 71.

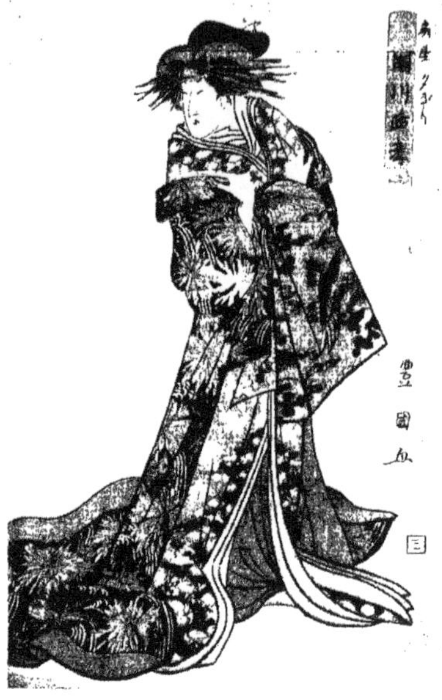

N° 72.

97. — Femme tenant une lance.

98. — Samouraï relevant sa robe, au-dessus de sa tête un prunier en fleurs.

99. - · Homme portant des kimono noir et gris, décorés d'oiseaux.

100. — Guerrier au manteau de paille, armé de trois sabres et d'un gros bambou.

101. — Samouraï à la robe décorée de pivoines, portant au bout de son sabre un paquet sur l'épaule.

102. — Homme au manteau gris sur un kimono noir. Il tient un éventail rose.

103. - · Personnage au kimono rouge et au béret gris.

104. — Le fumeur.

105. Grand format en largeur. Série de onze planches sur les fidèles « ronin ». — A. La déclaration à la princesse; la provocation du prince. — B. Les préparatifs du « hara-kiri ». — C. L'arrivée des gens de justice devant le palais d'Asa-no. — D. Notification de la dissolution du clan. — E. La scène du voleur (nuit d'orage). — F. Kora-no-souké simule la folie. — G. L'espion. — H. La princesse et sa suite passent en vue du Fouji. — I. Punition d'un traître; effet de neige. — J. Envahissement du palais de Ki-ra. — K. Combat acharné, capture de Ki-ra.

OUTA-GAVA KOUNI-SADA

(1786-1865)

106. Format carré. Un jeune homme voit apparaître sa bien-aimée dans la fumée d'un brûle-parfum.

107. — Un bonze assis sur un banc voit sortir du milieu des herbes une ombre fantomatique.

108. — Un cavalier et son conducteur aperçoivent une ronde de trois spectres.

109. Grand format en hauteur. Jeune femme vêtue d'un kimono bleu décoré en bas de larges fleurs et retenu par une ceinture noire.

110. — Une jeune femme nue sous sa robe ornée d'une pieuvre fantastique s'essuie les pieds en sortant du bain.

111. Sourimono. L'archer.

112. — Samouraï et jeune dame.

113. — Un seigneur, à la robe rouge richement brodée recouverte d'un surcot noir
    aux grands « mon » d'argent, est agenouillé devant un présentoir.

114. Très grand format en largeur, 0^m, 52 × 0^m, 37. Les peintres. Pièce très rare et
    très curieuse par le nombre (plus de cent), le groupement et les mou-
    vements de vie intense des personnages représentés.

115. Triptyque. Les coulisses d'un théâtre.

NAGA-HIDÉ

(DÉBUT DU XIXe SIÈCLE)

116. Format écran. La ghésha et son chevalier servant (en bustes).

117. — Un seigneur inquiet.

118. — Tête de femme.

119. Hoso-yé. La pêcheuse au cor-
    moran.

120. — La chanteuse ambulante.

121. — La danseuse de cour.

122. — Dame, servante et porteur.

123. — La dame au masque de Ha-
    nia.

OUTA-GAVA
KOUNI-YOSHI

(1797-1861)

124. Grand format en hauteur. Yoshi-
    tsouné près de sa mère, par
    un temps de neige. Enca-
    drement de camélias.

125. — Jeune servante lavant une
    étoffe. Encadrement d'œil-
    lets.

126. — Apparition d'une déesse et
    d'un dragon dans une ca-
    verne.

127. — Les chats.

128. — Les sept dieux du bonheur,
    plaisamment représentés.

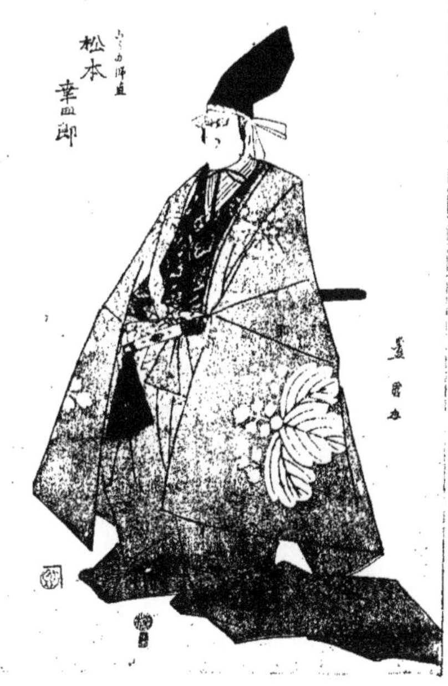

N° 74.

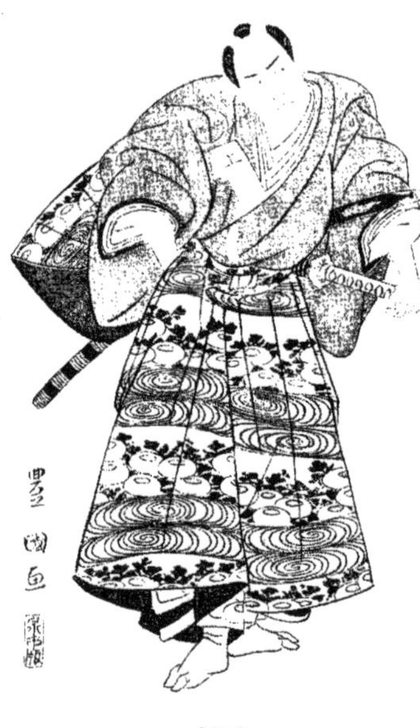

Nº 80.

129. — Deux femmes et un porteur près d'une maison de paysans, abritée d'un pin. Cette planche et les deux suivantes appartiennent à la série des poésies célèbres.

130. — Serviteur nettoyant les abords d'un temple auprès d'un bonze habillé de jaune.

131. — Princesse rêvant sur une terrasse.

132. — O-da-i. Le paladin Téra-nishi Kan-shïn, en costume macabre, auprès d'un homme ligoté. Cette planche et les cinq suivantes appartiennent au célèbre Ki-so kaï-do du maître.

133. — O-kou-té. La vieille Shito-tsou va assassiner sa fille, qui se défend en vain.

134. — Hoso-kou-té. Hori-koshi-taï-rio tirant le sabre pour se défendre contre des visions spectrales.

135. — Ka-no. L'enfant Ta-miya Bota-ro reçoit la visite de sa nourrice, auprès d'un étang rempli de lotus fleuris.

136. — Go-do. Bande d'aveugles passant un gué devant une jeune blanchisseuse.

137. — Tori-i-moto. Taï-ra-no Tada-mori regarde le bonze renouveler l'huile des lampes du temple.

138. — L'égorgement sous la paille. Cette planche et les cinq suivantes font partie d'une série de vengeances sanglantes.

139. — Samouraï contemplant une tête coupée.

140. — Guerrier maculé de sang s'appuyant contre un monument en pierre.

141. — Samouraï se lavant les mains, deux chiens hurlent derrière lui.

142. — Homme entraînant une jeune fille pour la tuer.

143. — Après la lutte un homme nous montre sur son corps demi-nu de nombreuses traces de mains sanglantes.

Grand format en largeur. Suite de sept planches faisant partie de l'histoire des « ronin ».

144. — A. — Présentation de la princesse à Ki-ra.
    B. — Le prince veut venger son honneur.
    C. — Les conjurés dans la nuit étoilée.

> D. — Le départ de la princesse.
>
> E. — La scène de l'espion.
>
> F. — La folie simulée de Kora-no-souké.
>
> G. — La tête de Kira offerte en holocauste aux mânes du prince Asa-no (effet de neige).

Suite de six estampes, petit format en largeur, faisant partie d'une série humoristique.

145. — A. — La boule de neige modelée en forme de Dharma.

> B. — L'anguille agressive.
>
> C. — Le repas du dieu de l'enfer chez la vieille femme.
>
> D. — Transport d'argile interrompu.
>
> E. — Le lépreux mal odorant.
>
> F. — Une danse qui finit mal.

146. — Blaireaux passant le gué sous de pesants fardeaux.

147. — Deux blaireaux effrayés par une apparition monstrueuse.

148. — Voyageurs passant en vue du Fouji.

149. — Volant, raquette, etc... (sourimono).

150. Format carré. Le paladin Téra-nishi sur le pont des iris.

151. Petit format en hauteur. Cinq planches conçues dans la manière de l'art européen : A. Les idoles. — B. Les rayons inattendus. — C. La fuite au milieu des éclairs. — D. Le tigre. — E. Les éléphants.

152. Scènes enfantines, de petits formats divers : A. La première chevauchée du prince. — B. La recommandation paternelle. — C. Les équilibristes imprudents. — D. Les échasses. — E. La partie de cerceau. — F. La bataille des chiens. — G. La baignade du grand frère.

153. Hoso-yé. L'offrande à Daï-kokou.

154. — Voyageurs sous des pins, en vue du Fouji.

155. Pentaptyque. Cortège d'un daïmio passant en vue du Fouji, tous les personnages sont représentés par des enfants.

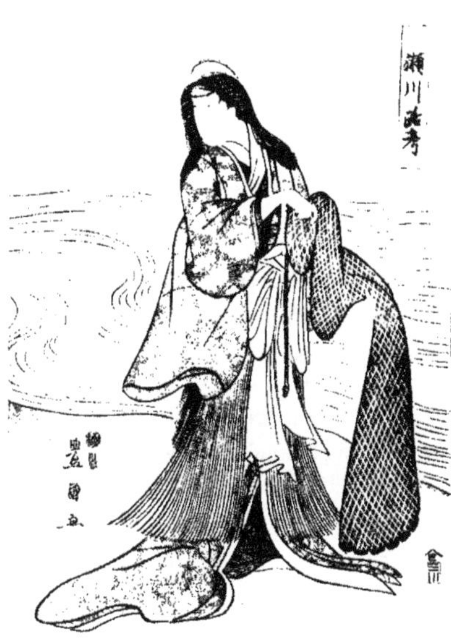

N° 79.

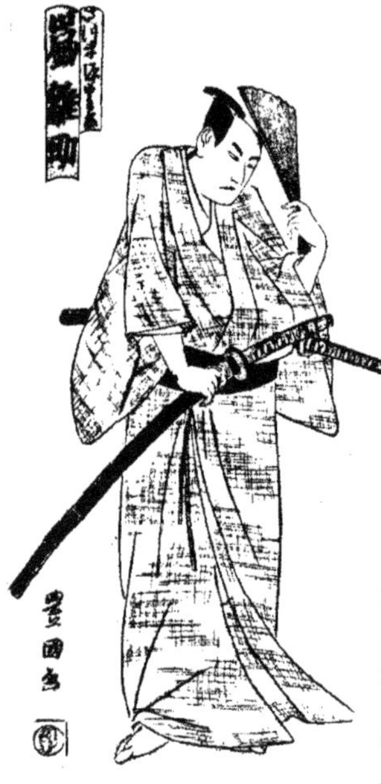

N° 96.

YOSHI-TOSHI

(DÉBUT DU XIXᵉ SIÈCLE)

156. Grand format en hauteur. Criblé de flèches un guerrier se coupe la gorge au pied d'une statue de Bouddha.

157. — Un seigneur contemple une tête de bonze qu'il vient de couper.

158. — Un homme, sur un toit, au clair de lune, essuie son sabre sanglant.

159. — Dans l'ivresse du triomphe, un combattant arrache la peau de la face de son ennemi.

160. — Égorgement d'une femme sur un tombeau.

161. — Dans un dernier spasme de fureur, un vieillard mourant tire par les cheveux une jeune femme pour la poignarder.

162. — La tête d'une jeune femme vient rouler aux pieds de son meurtrier.

163. — Le duel avec l'ombre, sous une pluie de fleurs.

[YOSHI-IKOU]

(DÉBUT DU XIXᵉ SIÈCLE)

164. Grand format en hauteur. L'assassinat de la vieille.

165. — Un homme, couvert de sang, vient mourir sur une idole renversée.

166. — D'un coup de sa terrible hache, un homme vient de trancher la tête de son ennemi.

167. — La lutte acharnée malgré tous les obstacles.

168. — Un personnage, au kimono décoré de crânes, reçoit de son serviteur la tête d'un ennemi.

KAVA-NABÉ KYO-SAI

(1831-1889)

169. Petits formats divers. L'acrobate.

170. — Voyageurs près d'un arbre fleuri.

171. — Baignade d'enfants.

172. — « Man-zaï » portant un éventail et un chasse-mouches.

173. — Jeune fille rêvant sous un bananier. Impression en bleu.

174. · · Le banc renversé et le singe facétieux.

175. — Carpe et carpillon dans un courant.

176. · · Taï, tetrodon, etc... dans un baquet.

177. ···· « Man-zaï » s'éventant avec son pied, tout en dansant.

178. — Les « man-zaï » affolés.

179. ··· Les charbonniers.

180. — Clair de lune sur une rivière en pays de montagnes.

KIKOU-GAVA YEI-ZAN

(XVIIIe ET XIXe SIÈCLES)

181. Grand format en hauteur. Jeune femme se
coiffant. En haut, une des huit vues
de O-mi.

182. — Ghésha suivie de sa servante.

183. ···· Femme et fillette, près d'un « to-ro »,
dans un jardin.

184. — Jeune homme derrière un groupe de jo-
lies femmes.

185. · · Djo-ro, au riche costume, décoré de fleurs
et de lièvres stylisés, entre ses deux
kamouro.

186. — Deux danseuses vues à mi-corps.

187. · · Ghésha près de sa boîte à « shamisën ».
En haut, vue d'Yé-do.

188. — Femme au kimono noir rajustant sa
ceinture.

189. — Trois jeunes femmes écoutent le chant
d'un rossignol perché sur un prunier
fleuri.

190. — Mère et enfant dansant.

191. — Deux femmes à la promenade. L'une
d'elles tient un parapluie.

192. — Bébé jouant avec un petit chien aux
pieds de sa mère.

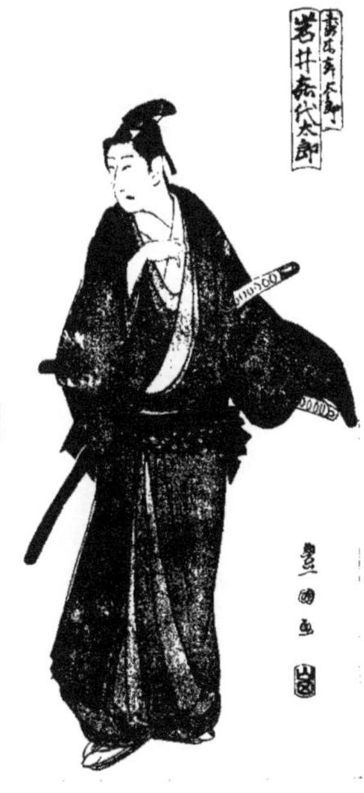

N° 92.

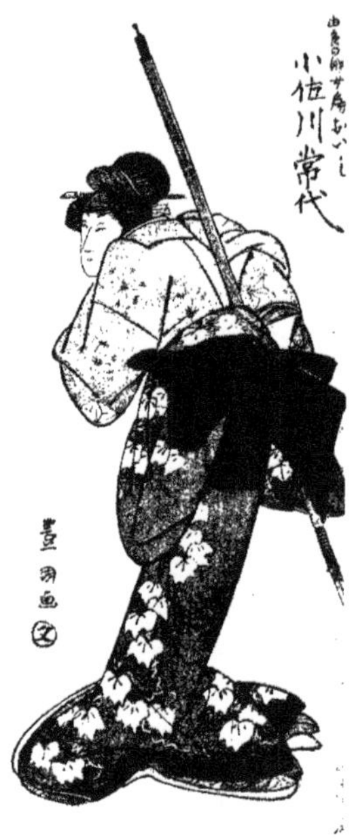

N° 97.

193. — Deux jeunes femmes sous un cerisier fleuri. L'une d'elles y fait attacher une poésie par son enfant.

194. — Djo-ro aux robes nombreuses entre ses deux servantes.

195. Petit format en hauteur. Promenade de deux courtisanes.

196. Très petit format. Deux planches : A. Un homme avec deux femmes. — B. Deux jeunes femmes prenant le thé.

197. Grand format en largeur. Ko-matchi dans une campagne fleurie.

198. — Deux courtisanes devant un paravent représentant le Fouji.

199. Triptyque. Enfants traînant une corbeille fleurie.

200. — Défilé de lutteurs dans l'arène au milieu de la foule.

KEI-SAI YEI-SEN

(1791-1848)

201. Petits formats divers. Une branchette de ceriser fleuri.

202. — Un homme admire le contenu d'un coffre.

203. — Un paysan regrette de trouver occupé un endroit qu'il souhaiterait libre.

204. — Philosophe regardant une montagne au loin.

205. — Sauterelle sur un volubilis.

206. — La répétition de la danse des man-zaï.

207. — Batelier sur une rivière dans un pays montagneux.

HIRO-SHIGHÉ

(1792-1858)

208. Triptyque. Promenade au bord de la mer à I-sé.

209. — Au Yoshi-hara. Trois ghésha au repos. Au fond, théorie de danseuses.

210. — Foule sur la grève de Shina-gava, dans laquelle on aperçoit des Européens et un Chinois.

Quinze planches grand format en largeur faisant partie d'un to-kaï-do :

211. — Shina-gava. Entrée du village, au bord de la mer.

212. — Hira-tsouka. Le courrier.

213. — O-kitsou. Voyageurs à cheval et en nori-mono passant un gué.

214. — Marou-ko. L'auberge au soleil couchant.

215. — Shima-da. La foule traversant la plage sablonneuse.

216. — Foukouro-i. Le thé au bord de la route.

217. — Ara-i. Les deux barques.

218. — Shira-sou-ka. Cortège en vue de la mer.

219. — Nouma-dzou. Le porteur du gros masque au clair de lune.

220. — Fouta-gava. Les trois « go-zé » (musiciennes) près de la tcha-ya.

221. — Yoshi-da. La réparation du château au bord du fleuve.

222. — Oka-saki. Noble cortège sur le pont.

223. — Tchi-ri-you. Les chevaux dans la prairie.

224. — Yo-ka-itchi. Le coup de vent.

225. — Ishi-bé. Voyageurs quittant l'auberge.

Cinq estampes d'un autre to-kaï-do, format moyen en largeur.

226. — Yoshi-hara. Boutiques au bord de la route en vue du Fouji.

227. — Fou-tchou. Le porteur de masque, près d'une tcha-ya où l'on pile du riz.

228. — Foukouro-i. Le chemin entre les rizières.

229. — Ishi-riakou-shi. Cavalier et piétons sous la neige.

230. — Kamé-yama. Halte de porteurs au soleil couchant.

231. Format étroit en hauteur. Oiseau volant près d'une clématite à grandes fleurs.

232. — Martin-pêcheur et iris.

233. — Mésange verte sur un prunier fleuri.

234. — Oisillon sur un cerisier en fleurs.

235. — Moineaux bataillant près d'un rosier.

236. — Oiseau jaune sur un rosier.

237. — Coucou et branche de pin sur la lune.

238. — Mésange verte sur un pommier fleuri.

239. — Perroquet sur une branche de pin envahie par un liane.

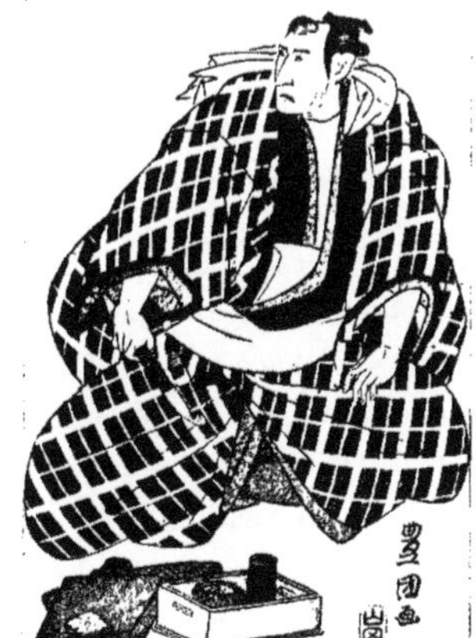

Nº 104.

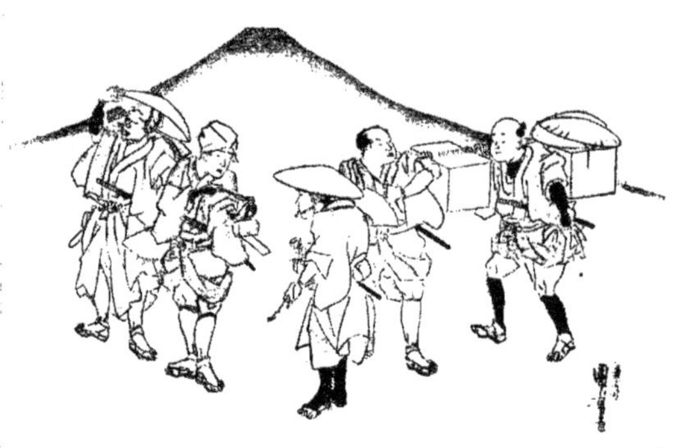

Nᵒ 148.

240. — Faisan doré sur un saule.

Huit estampes petit format en largeur, de la série des trente-six vues du Fouji :

241. — Le Fouji vu derrière un lac dans les montagnes.

242. — Le Fouji vu d'une colline fleurie.

243. — Le Fouji vu d'une plage au pied de rochers escarpés.

244. — Le Fouji vu entre des filets.

245. — Le Fouji vu à travers une roche percée.

246. — Le Fouji vu au delà d'une chaîne de montagnes.

247. — Le Fouji vu derrière un château fort.

248. — Le Fouji vu entre deux gros pins.

249. — Le Fouji émergeant des montagnes et des nuages.

250. — Le Fouji vu de l'entrée d'un temple.

Petit format en hauteur. Dix planches du to-kaï-do.

251. — Odo-ga-ya. Deux jeunes femmes, l'une debout, l'autre assise, prenant le thé dans une tcha-ya de campagne.

252. — Nouma-dzou. En vue du Fouji deux femmes font sécher des tranches de poissons.

253. — Ni-saka. Les voyageurs arrivant à l'auberge où les attend une servante.

254. — Kaké-gava. Voyageuses sur la route, près d'un tori-i.

255. — Yoshi-da. Ghésha à la fenêtre d'une tcha-ya regardant passer la foule.

256. — Oka-zaki. Les blanchisseuses.

257. — Kamé-yama. Voyageurs hâtant le pas sous la pluie.

258. — Séki. Femmes à cheval sur la route.

259. — Kou-satsou. La récolte du thé.

260. — Kyo. Femmes et marchands sur le pont de Kyo-to.

Grand format en largeur. Planches tirées de différentes séries de vues d'Yé-do.

261. — Un magasin de nouveautés.

262. — Barques près de la plage le soir.

263. — La procession dans la grande rue.

264. — Flottille de barques de pêche par une nuit de pleine lune.

265. — Vue du Fouji, derrière le Ni-hon bashi.

266. — Les grosses barques à l'ancre à Tsoukouda-jima.

267. — La descente du temple sous le grand tori-i.

268. — Poissonniers sur le Ni-hon bashi par temps de neige.

269. — Collation en plein air sous les pruniers fleuris.

270. — Le temple de Kamé-i-do sous la neige.

271. — La visite aux cerisiers en fleurs, le soir, au Yoshi-hara.

272. — Tcha-ya dans l'enceinte d'un temple, en vue de la mer.

273. — Un temple de Shi-ba sous la neige.

274. — Le Yeï-taï bashi le soir et les barques à l'ancre.

275. — Femmes passant sur un pont par temps de neige au coucher du soleil.

276. — La colline fleurie d'A-tsouka.

277. — Promeneuses, la nuit, par temps de neige, au bord du canal.

278. — Grande barque à la voile sur la Soumi-da.

279. — Le pont Ryo-gokou un soir de feu d'artifice.

280. — Les deux tori-i à l'entrée du temple.

281. — Promeneuses et dîneurs le soir, sur la colline.

282. — Au retour du temple le soir.

283. — Rue en pente à Mi-zaka (les bulles de savon).

284. — Autre vue de Mi-zaka sur le golfe.

Format très étroit en hauteur. Série d'oiseaux et fleurs.

285. — Martin-pêcheur et rosier.

286. — Hirondelles et pommier fleuri, sous la pluie.

287. — Iris et coucou.

288. — Oisillon jaune et glycine.

289. — Rouge-gorge et cerisier fleuri.

290. — Bouvreuil perché sur un arbrisseau.

291. — Bouvreuil et camélia.

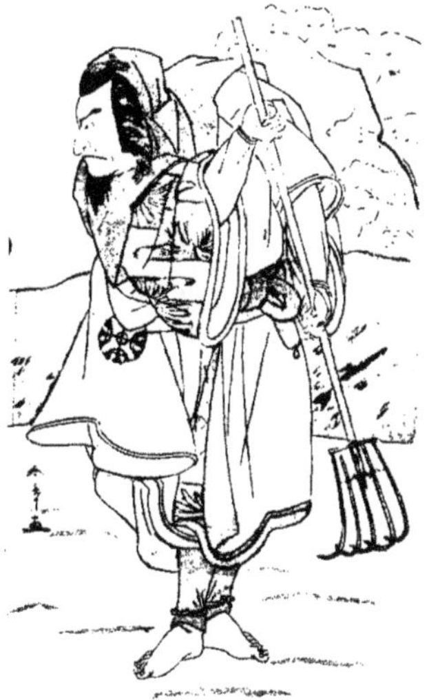

N⁰ 348.

292. — Pivoines et papillons.

293. Petit format carré. Coucou passant parmi des iris.

294. — Mésange verte et camélia.

295. — Canards mandarins nageant près d'une touffe de chrysanthèmes. (Impression en noir et gris).

296. — Grue parmi des fleurs d'eau.

297. — Petit oiseau sur une branche de camélia fleuri.

298. Grand format en hauteur. Intérieur de maison verte près Yoko-hama.

299. — Jeune dame occupée à faire bouillir de l'eau.

300. — Par un clair de lune, un jeune homme porte sa bien-aimée sur son dos.

301. — Scènes de la rue. (Trois planches) : A. Le bric-à-brac, le marchand de fleurs, etc... — B. Cuisine en plein vent, marchand de crapauds, marchands de rats, etc... — C. Marchande de nattes, marchand de parapluies, chanteuse de rue, etc...

302. Grand format en largeur. Trois planches représentant des scènes du « Ghen dj monogatari » : A. Le prince venant chez la princesse. — B. Le prince quittant la princesse. — C. Dames de la cour devant l'empereur à demi caché par un store.

303. Format carré. Danse populaire au commencement de l'année.

304. — Danseuse, musiciens et spectateurs ; genre O-tsou yé.

305. — Écran décoré de chrysanthèmes.

Petit format en largeur. Six planches représentant des vues d'Yé-do.

306. — Les paulownias au bord de la rivière.

307. — Le feu d'artifices sur la Soumi-da.

308. — Les déjeuners en plein air.

309. — Barques sur la rivière au coucher du soleil.

310. — Galerie traversant le jardin du temple.

311. — Cerisiers en fleurs sur la rivière au soleil couchant.

312. Petit format divers. Le prince et son serviteur au bord de la rivière.

313. — Le pont près du grand saule.

314. — Aubergines et poisson.

315. — Grondin et ormeau.

316. — Jeune dame rêvant.

317. — Vue du Fouji au soleil couchant.

318. — Le dieu Foukou-rokou.

319. — Ko-matchi derrière les bambous.

320. — Servante apportant le repas.

321. Format kakémono. Grue sur un pin au soleil couchant.

SOU-GAKOU-DO

(DÉBUT DU XIXᵉ SIÈCLE)

322. Grand format en hauteur. Coq et poule
        près d'un fraisier.

323. — Petit oiseau sur un camélia.

324. — Cailles dans une touffe d'ancolies.

325. — Sorte de merle dans une plante aux
        fleurs orangé.

326. — Troglodyte sur une pivoine recou-
        verte de paille.

327. — Petit oiseau parmi des pois et des
        œillets.

328. — Variété d'alouette sur un roseau
        après lequel grimpe une papillo-
        nacée.

329. — Un couple d'oisillons sur un grena-
        dier chargé de fleurs et de fruits.

HATSOU-KAVA SHOUN-SHO

(MILIEU DU XVIIIᵉ SIÈCLE)

330. Hoso-yé: Un homme, de face, tient un
        mortier à piler le riz.

331. — Personnage enlevant d'un support
        une étoffe ornée de deux canards
        nageant.

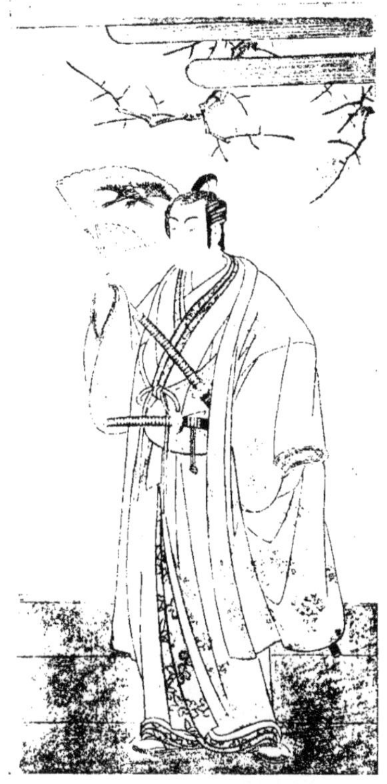

N° 352.

332. — La lecture du makimono.

333. — Samouraï en colère; derrière lui un enfant tenant un présentoir.

334. — Homme portant sur l'épaule une énorme lame de sabre en bois, décorée de
        caractères.

335. — Samouraï effrayé par l'apparition, dans un miroir, d'une tête de kitsouné
        (renard).

336. — Guerrier montrant son portrait à un ami.

337. — Samouraï tenant une pointe de flèche entre ses dents.

338. — Le samouraï au pistolet.

339. — Personnage tenant l'extrémité d'une banderole sur laquelle est représenté un
        cheval.

340. — Vieux seigneur tirant son sabre derrière un samouraï agenouillé.

341. — Ro-nïn tenant une lance.

342. — Le prince furieux.

343. — Devant une haie, passe un samouraï tenant une lanterne.

344. — L'archer.

345. — Femme aux cheveux flottants.

346. — Homme demi-nu tenant un sabre devant un beau paravent.

347. — Samouraï tenant une bobine.

348. — Personnage tenant un râteau (paysage neigeux).

349. — Princesse au bonnet rouge.

350. — L'homme à la robe jaune.

351. — Samouraï en grand costume.

352. — Seigneur tenant un éventail, orné d'un vol d'oies passant devant le disque du soleil.

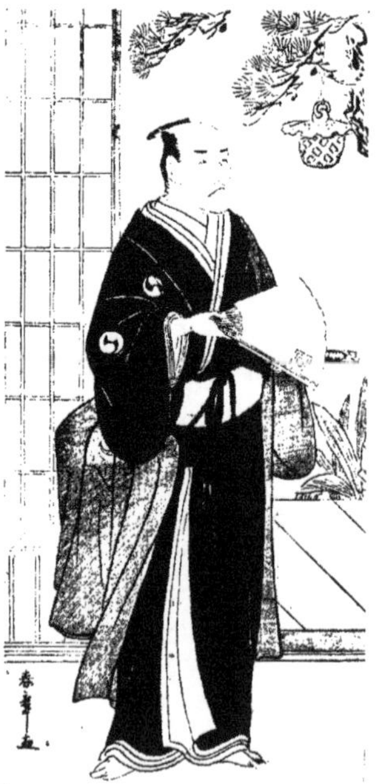

N° 358.

353. — Personnage sur un toit tenant d'une main un bâton de policier, et de l'autre un chapelet de sapèques.

354. — Samouraï agenouillé devant un autre plus âgé.

355. — Personnage tenant une bannière et un makimono, ses dents serrent une tige de chrysanthème.

356. — Devant une clôture de bambous, une jeune femme tire un sabre du fourreau.

357. — Seigneur à la robe ornée de fleurs de roseaux.

358. — Daï-mio au riche costume noir et vert.

359. — Samouraï au bonnet noir, les bras croisés.

360. — Le marchand de condiments.

KATSOU-KAVA SHOUN-KO

(XVIIIe SIÈCLE)

361. Hoso-yé : Le marchand de saké appuyé sur son bâton auprès d'un tonnelet

362. — Personnage demi-nu, assis, se tenant en garde.

363. — Auprès d'une barrière, un homme debout donne des signes de perplexité.

364. — Samouraï debout sur un paravent.

365. - - Sur le bord d'une rivière fleurie d'iris un
 samouraï élève un miroir.

366. — Personnage sous un bambou dans un
 paysage neigeux.

367. — Ro-nïn tenant d'une main une flûte et de
 l'autre un chapeau.

368. - - Daï-mio au grand manteau rouge décoré
 de bouts de flèches empennés.

369. — Personnage au costume gris pâle.

370. · Porteur d'idole.

371. - Seigneur appuyé sur une canne auprès
 d'un piège à rats.

372. — Jeune femme, au riche vêtement, élevant
 un livre de la main gauche.

373. — Daï-mio au grand bonnet noir.

374. — Deux lutteurs.

375. - - L'arquebusier.

KATSOU-KAVA SHOUN-YEI

(1761-1819)

376. Hoso-yé. Un homme de Sadzou-ma s'escri-
 mant du sabre.

377. — Guerrier de dos, se préparant à l'attaque.

378. — Personnage assis devant une tcha-ya.

379. - - Seigneur tenant de la main gauche son sabre encore au fourreau.

380. - — Samouraï portant un vêtement blanc à grands ramages noirs.

381. — Personnage assis tenant une cuillère à eau.

382. - — Le colporteur.

383. — Seigneur en « bakama », la main gauche appuyée sur son sabre et un éventail
 dans la droite.

384. — Sous un arbre couvert de neige, un homme, aux kimono rayés, regarde un
 panier posé à terre.

385. — Un homme enveloppé de paille se prépare à tirer son sabre.

386. — L'homme à l'aviron.

387. - — Seigneur en costume de cérémonie, vermillon pâle, vert et lilas.

388. — Personnage sur un pont.

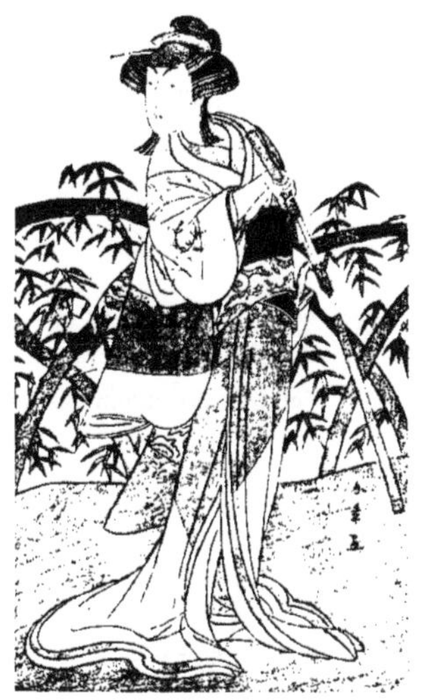

Nᵒ 356.

389 . — Ro-nïn les bras croisés.

Trois planches, grand format en hauteur, représentant des scènes de l'histoire des « ro-nïn ».

390 . - - A. — Asa-no offensé. Colère violente d'Asa-no. Son suicide.

B. — Deux « ro-nïn » surprennent le secret d'une jeune femme et de deux hommes Suite de la même scène devant la porte d'un « yashiki ».

C. - - Scène dans le Yoshi-hara. Dans le palais de Ki-ra trois « ro-nïn » trouvent à qui parler. La découverte de Ki-ra.

KATSOU-KAVA SHOUN-SEN

(XVIIIe ET XIXe SIÈCLES)

391 . Grand format en hauteur. Courtisane à la splendide ceinture décorée de « kiri ».

392 . — Djo-ro (à la ceinture ornée d'un dragon), elle roule une bande de papier.

393 . · · Femme, aux nombreuses robes, ceinturée de gris. Elle tient un éventail sur lequel est posée une « outa » (poésie).

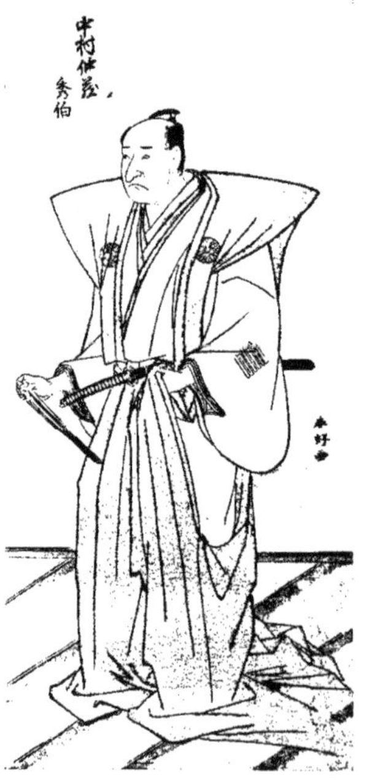

N° 369.

394 . · - Jeune femme à la ceinture rouge ornée, ainsi que la robe, de feuilles de mauves stylisées.

395 . — Ho-teï, déguisé en courtisane, s'avance en minaudant suivi d'une kamouro.

396 . Grand format en largeur. Devant la clôture d'un jardin se promènent deux jeunes femmes et un enfant.

397 . — Les porteuses d'eau.

398 . - - - La collation dans une tcha-ya du Yoshi-hara.

399 . - - Deux jeunes femmes et un enfant arrivent auprès de deux hommes qui causent à l'entrée d'une tcha-ya.

400 . — Une barque vient aborder devant un temple.

401 . — Le pèlerin en vue du Fouji. Estampe dans laquelle les terrains sont traités un peu comme dans une aquarelle européenne.

KATSOU-SHIKA HOKOUSAI

(1759-1849)

Suite de six planches (format moyen en hauteur) faisant partie d'un to-kaï-do :

402.   A. Samouraï et porteurs longeant le mur
d'un temple à Mi-shima. — B. Femme et
porteur croisant deux voyageurs armés,
à Fouji-éda. — C. Hommes se chauffant
au bord de l'eau, à Shima-da. — D. Yo-
ka-itchi. Voyageur suivi par deux enfants à l'entrée d'un temple. — E. Porteurs se croisant sur une passerelle à
Ishi-bé. — F. Serviteurs lavant des
corbeilles dans la cuisine d'une auberge
à O-tsou.

Vingt-trois estampes (grand format en
largeur) faisant partie de la série des
trente-six vues du Fouji.

403. — Foule de passants, de porteurs, de voitures
sur le Ni-hon bashi.

404. — Les couvreurs sur la maison de Mitsou-i.

405. — Déjeuner au restaurant de Ko-ishi-kava
« le lendemain du jour que la neige
tomba ».

406. — Vue de Sën-jiou. Cheval rouge et pêcheurs.

407. — Par-dessous le Man-nën bashi, au quartier
Fouka-gava.

408. — Touristes sur la terrasse du temple Go-
hiakou-rakan.

409. — Barques autour de l'ilot Tsoukou-da.

410. — Fauconniers près de Shimo-mé-gouro.

411. — Le moulin à eau de In-dën.

412. — Jonque au large de Kadzou-sa.

413. — Les tori-i de Toto-oura.

414. — Cavalier et nori-mono à Hodo-ga-ya.

415. — L'île Eno-shima ; le passage à gué.

416. — Vue du Fouji par le beau temps.

417. — Les barques jaunes devant Yé-djiri.

418. — Scieurs de long dans la montagne de Toto-mi.

419. — La tcha-ya de Yoshi-da.

420. — Le tonnelier de Fouji-mi-hara.

421. — Chevaux et porteurs gravissant le mont Inou-mé.

422. — Le gros arbre de Mi-shima.

423. — Le reflet du Fouji, à Mi-zaka.

424. — Pêcheur sur la pointe d'un rocher, à Ishi-boutchi-zava.

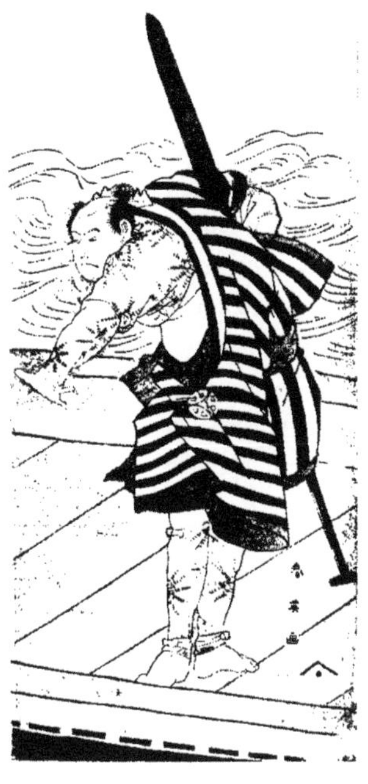

Nº 386.

425. — Cabane de pêcheurs adossée à des pins, au bord du lac Sou-wa.

426. Format kakémono. Composition reproduisant différentes scènes de la série précédente. Non signé.

427. Sourimono. Ustensiles du « tcha-no-you ».

428. — Corbeille liée d'une étoffe et contenant une plante.

429. — Danseurs représentant un prince et son serviteur.

430. — Masque de man-zaï, branche de pin et éventail.

431. — Tête de cheval emmanchée d'un bâton (jouet d'enfant).

432. — Coiffure de cérémonie et branche de prunier fleurie.

Petit format en largeur. Série du « tokaido ». Signées : Gwa-kyo-jïn Hokou-saï.

433. — Le paysage à Hodo-ga-ya.

434. — To-tsouka. Les adieux à l'hôtesse.

435. — Deux voyageuses, accompagnées d'un jeune porteur, passent sous un tori-i, à Fouji-sava.

436. — Un moment de repos, à Hira-tsouka.

437. — La grosse pierre d'O-iso.

438. — Dame et porteuses, à Oda-hara.

439. — Enfants sur des bœufs, à Mi-shima.

440. — Servantes d'auberge de Kana-ya.

441. — Femme faisant du filet à Aka-saka.

442. — Lingères de Narou-mi. (Planche offrant cette curieuse particularité qu'elle ne porte dans son cartouche que le nom de la station ; le reste manque).

443. — Voyageurs arrêtés en vue du château de Kamé-yama.

444. — Serviteurs lavant des poissons à O-tsou.

Petit format en largeur. Autre « tokaïdo ». Signées Hokou-saï.

445. — Foule sur le Ni-hon bashi.

446. — Tcha-ya en vue du Fouji, à Shina-gava.

447. — Voyageurs et porteurs près d'un ruisseau à Fouji-sava.

448. — Repos du fardeau sacré à O-da-hara.

449. — Lecture de la lettre, à Hako-né.

450. — Cavalier et piétons à Foukouro-i.

451. — Vue de Hama-matsou.

452. — Encombrement sur le pont d'Oka-saki (par temps de neige).

453. — Chevaux et palefreniers, à Tchi-ri-you.

454. — Une jeune femme surveille l'accrochage de pièces d'étoffes, à Narou-mi.

455. — Pavillon dans un site pittoresque, à Ishi-riakou-shi.

456. — Sho-no par un
     temps de nei-
     ge.

457. — Sur le pont de
     Séki passe un
     paysan con-
     duisant son
     cheval à la
     nage.

458. — Dans les monta-
     gnes de Saka-
     no-shita.

459. — Cavalier croi-
     sant des vo-
     yageurs à
     pied, à Tsou-
     shi-yama.

460. — Panorama, vue
     de Mina-koutchi.

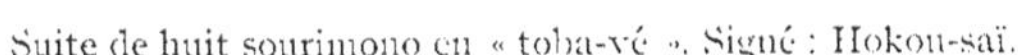

N° 459.

Suite de huit sourimono en « toba-yé ». Signé : Hokou-saï.

461. — La servante grondée.

462. — Les goinfres.

463. — L'embarquement difficile.

464. — Les gâcheurs de plâtre.

465. — La rentrée de l'ivrogne.

466. — Après boire.

467. — L'aveu de la grossesse.

468. — Discussion théologique.

469. — Buveur implorant de sa femme un bol de saké.

SHIN-SAI

(XVIIIe ET XIXe SIÈCLES)

470. Sourimono. Coffre, bouilloire et coupes à saké.

471. — Coq, poule, sacs de riz, etc...

472. — L'écran au paon.

473. — Brochette d'éperlans.

474. — Femmes et enfant.

475. — Tout ce qu'il faut pour écrire.

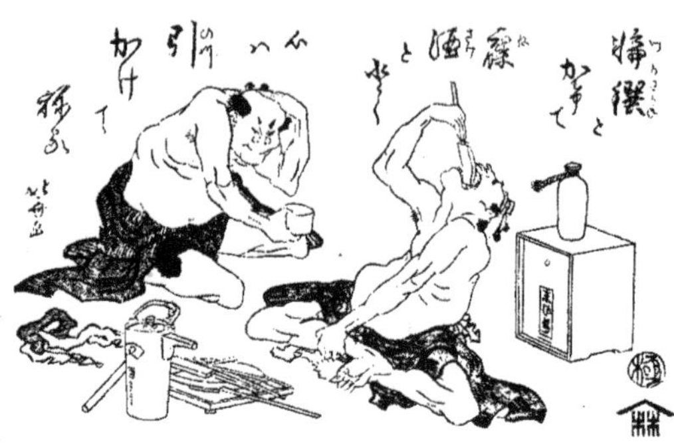

N⁰ 462.

476. — La leçon de lec-
ture.

477. — Danseuses de
cour.

478. — Cantine de
voyage.

479. - Jeune ghésha
regardant
par la fené-
tre.

480. — Deux poissons
suspendus à
un prunier
fleuri.

481. — A l'intérieur
d'une maison

sont exposés des présents de jour de l'an.

482. — Près d'un porte-bouquets est une petite représentation en relief des rochers
d'I-sé.

HOK' KEI

(DÉBUT DU XIXᵉ SIÈCLE)

483. Sourimono. Le poète et l'araignée.

484. — L'homme agrippé aux rochers.

485. — Philosophe et guerrier.

486. — Le singe.

487. — L'écritoire.

488. — Vase et couteau.

GAKOU-TEI HAROU-NOBOU

(DÉBUT DU XIXᵉ SIÈCLE)

489. Sourimono. Grand seigneur et noble dame.

490. — Le vieux guerrier et son porte-étendard.

491. — Guerrier écrivant.

492. — Man-zaï.

YANA-GAVA SHIGHÉ-NOBOU

(DÉBUT DU XIXᵉ SIÈCLE)

493. Sourimono. Cuisinière apprêtant un poisson.

494. — Danseuse.

495. — Jeune dame rajustant sa toi-
lette.

496. — Femme déroulant un kakémono.

497. — La teinturière.

498. — Danseur masqué debout près
d'une jardinière.

KI-TA-GAVA OUTA-MARO

(1753-1806)

499. Grand format en largeur. Deux
femmes assises près d'une
jardinière.

500. Grand format en hauteur. Djo-ro
écrivant.

501. — Jeune mère et son enfant.
Planche de la série des six
poètes célèbres.

502. — Jeune femme tenant une grue
en papier.

503. — Deux djo-ro, l'une à mi-corps,
les cheveux flottants ; l'autre dont on ne voit que la tête.

504. — Courtisane agenouillée devant une lettre ; derrière, une de ses compagnes debout.

505. — Une femme à mi-corps, un écran à la main, rajuste sa coiffure ; devant elle, une
une autre femme en buste.

506. — Un danseur auprès d'une danseuse dont on voit les cheveux transparaître
sous la coiffure.

507. — Courtisane et sa coiffeuse.

508. — Les dévideuses.

509. — Une courtisane et sa kamouro.

510. — Une djo-ro, à la robe richement fleurie, tient une coupe de saké.

511. — Jeune femme debout derrière une amie tenant une branche de chrysanthèmes.

512. — La djo-ro et la vieille femme.

513. — Ghésha avec sa servante portant ses vêtements et son shamisën.

514. — La lecture à trois.

515. — Djo-ro tenant un éventail et un pinceau, accompagnée de sa kamouro qui porte
la pierre à encre.

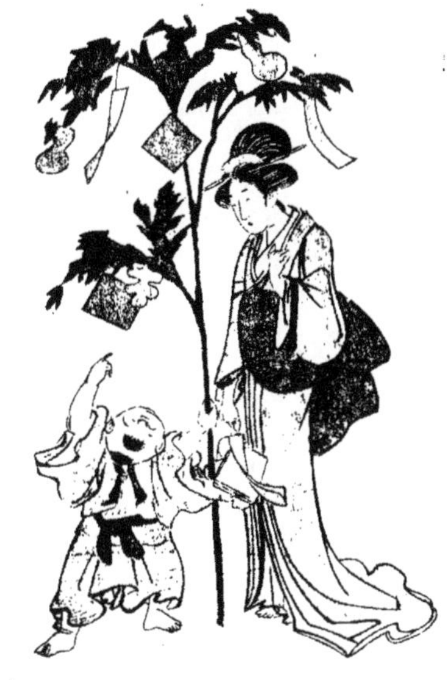

Nº 521.

516. Estampes en noir. Coucou traversant l'espace.

517. — Trois chevaux s'ébattant. - Non signé.

518. Format étroit en hauteur. Poésies illustrées, en noir : — A. Le pèlerin. — B. La porteuse de fagot. — C. Le marchand de poissons. — D. La princesse à la branche fleurie.

519. Petit format carré. Trois danseurs.

520. — Fleurs dans une jardinière et dans un vase. Impression noire.

521. — Maman avec son bébé qui tient un arbuste chargé de jouets. Non signé.

MAITRES DIVERS

522. Format en largeur. Violette et pissenlit.

523. — Crabe et gingembre sur une feuille de lotus.

524. — Volubilis à fleur rose et cigale.

525. — Grue devant le disque du soleil.

526. — Fleurs de cerisier, pivoine et magnolia.

527. — Bœufs et pivoines au bord de l'eau.

528. — Une paysanne, assise au pied d'un arbre, allaite son enfant pendant que son bœuf se repose.

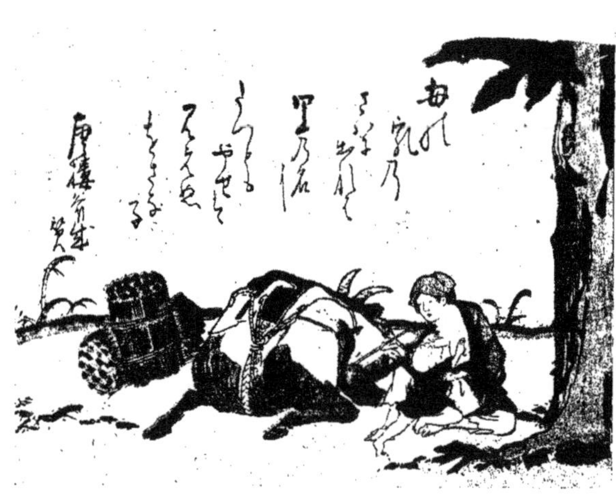

No 528.

529. — Les amateurs de combats de coqs.

530. — Sur la terrasse d'un temple dominant, un grand « torii » et un énorme pin, se promènent deux samouraï accompagnés d'une troupe de gracieuses jeunes femmes.

531. — Coq et pivoines.

532. — Fleurs et libellule.

533. — Cyprins non loin d'un prunier fleuri portant un oisillon.

534. Écran. Martin-pêcheur sur une branche de saule, près d'un rosier.

535. — Martin-pêcheur sur un roseau.

536. — Bouvreuil sur un cerisier en fleurs.

537. — Branche de cerisier fleuri.

538. Format en hauteur. Enfants jouant avec un masque d'O-kamé. Impression en rouge clair.

539. — Camélia dans un vase et branche de prunier fleuri.

540. — Une paysanne passe un pont au-dessous duquel des hommes pêchent au flambeau.

541. — Cavalier s'apprêtant à quitter une hôtellerie.

542. — Sur la margelle d'un puits sont posés deux porte-bouquets dont l'un contient un narcisse.

543. Format carré. Effets d'ombres chinoises dans une maison la nuit.

544. — Avenue de pins.

545. — Branches de jasmins.

546. Sourimono. Grande dame regardant sa raquette et son volant.

547. — Oiseau noir et gris sur un pin chargé de lianes.

548. — Oiseau au plumage verdâtre sur un cerisier fleuri.

549. — Le grand pin ; une des vues célèbres d'O-mi.

550. Un exemplaire sur papier grand luxe (Tori-no-ko) des *Fables choisies de Florian*, illustrées par les meilleurs artistes du Japon.

551. Un exemplaire du même ouvrage, sur papier de luxe (Ho-sho).

552. Un exemplaire des *Biographies d'artistes japonais* (P. Barboutau), sur papier vélin.

13522. — CORBEIL. IMPRIMERIE CRÉTÉ.

www.ingramcontent.com/pod-product-compliance
Ingram Content Group UK Ltd.
Pitfield, Milton Keynes, MK11 3LW, UK
UKHW031731170726
13836UKWH00002B/586